Super Manager :
Sept Leçons pour Managers Débutants

Ecrit par Tamara Murray
Edité par Eva C. Meszaros
Adapté en français par Luc Byhet

A mes mentors et à tous ceux qui m'ont montré l'exemple — merci.

A tous les jeunes managers qui ne se sentent pas forcément à la hauteur : vous êtes parfaits pour le poste.

Contenu

Félicitations ! Vous venez d'être promu manager sans avoir attendu de longues années...

Après avoir envoyé une quinzaine de SMS à vos amis, avoir appelé vos parents pour leur annoncer la nouvelle et probablement passé une soirée un peu arrosée, vous avez acheté ce livre. Vous ne voulez surtout pas tomber dans le piège numéro un de votre nouveau poste : devenir un mauvais manager, détesté par son équipe. Et vous avez plutôt envie d'être un super manager. Mais comment ?

Pour la plupart des gens, les choses se passent de la manière suivante : ils deviennent les meilleurs dans une certaine discipline, et évoluent ensuite pour ne plus s'en occuper directement mais diriger une équipe qui y est dédiée. Cette transition s'accompagne de nombreuses évolutions : les compétences de votre poste d'origine ne suffiront généralement pas pour faire de vous un *super manager*. Il vous faudra acquérir un nouvel état d'esprit, de nouvelles habitudes, de nouveaux réflexes et de nouvelles compétences. Ce genre d'évolution est difficile, surtout si vous êtes la personne la plus jeune de l'entreprise à atteindre ce niveau de responsabilité, le tout sans aucune formation en management.

« On apprend le plus dans des situations dépassant largement nos limites. » me disait un de mes anciens managers. Ce livre vous présentera les grandes leçons de mon parcours, avec des exemples concrets et une série de règles et de conseils dont vous pourrez tirer parti rapidement.

J'ai trouvé mes marques à force d'essais et en apprenant de mes erreurs comme de mes réussites, en puisant mon inspiration dans des magazines comme *Fast Company*, et en allant chercher des conseils auprès de mes pairs. Les étapes difficiles m'ont permis d'apprendre, d'améliorer ma pratique et de progresser dans mon rôle. De fil en aiguille, les membres de mon équipe en sont venus à me dire, à maintes reprises, que j'étais le meilleur manager qu'ils n'avaient jamais eu.

Vous êtes déjà sur la bonne voie par le simple fait d'être suffisamment humble pour admettre qu'il vous faut quelques conseils. Nous apportons tous un style et des idées personnelles en abordant la fonction de manager, mais notre manière de faire ne peut être totalement unique. L'objectif de ces leçons est de vous permettre de passer plus rapidement par les différentes étapes permettant de devenir le super manager qui est en vous : confiant, compétent et efficace.

Leçon n°1 :
Le management est un travail de service

En 2007, une réunion sur l'évolution de la carrière des femmes me permit de découvrir l'un des points clefs du rôle de manager. La réunion n'était jusque-là pas bien intéressante, le buffet n'était pas terrible, le lieu était trop éloigné. Au lieu d'écouter les présentations j'étais surtout préoccupée par les soixante minutes de trajet nécessaires pour rentrer chez moi.

Soudain, un des présentateurs lança : « Le rôle du manager est de supprimer les obstacles pour les autres. » Une déclaration frappante, dont il m'aura fallu quelques années pour en comprendre le sens.

Il m'est arrivé de gérer des équipes composées d'individus plus intelligents que moi. J'apprends vite, mais l'écart reste parfois important. Davantage d'expérience, d'imagination ou de concentration leur permettaient de reconnaître des schémas que je ne voyais pas ou d'avoir des idées qui ne me venaient pas à l'esprit, et tout cela m'effrayait.

L'un d'entre eux était une vraie encyclopédie sur l'histoire et la politique des États-Unis, probablement capable de tenir tête à cinq professeurs de Harvard réunis. Une autre était capable de trouver le sens de grandes quantités d'informations démographiques, en matière d'audience sur Internet ou de santé. En plus de comprendre ces domaines complexes, ils savaient les rendre *intéressants* voire *fascinants* pour les autres.

Un tel environnement me poussait souvent à me demander *comment être un bon manager sans être la personne la plus intelligente du groupe ?*

Mais le fait est que même les personnes les plus intelligentes ont parfois besoin d'aide. Une de mes suppléantes me posa un jour le problème suivant : elle devait donner une présentation avec un autre manager dans deux heures — et ce dernier venait d'appeler pour signaler une urgence médicale.

La situation devenait potentiellement conflictuelle avec le client : la présentation avait déjà été repoussée une fois, et la repousser encore retarderait le projet dans son ensemble, empirant ainsi une situation déjà tendue.

Il nous fallait envisager différentes options. Il m'était impossible d'appeler le client directement pour la simple raison qu'il ne me connaissait pas suffisamment. Obliger le manager absent à se présenter était impossible dans la mesure où elle venait d'entrer dans un bloc opératoire, et ma suppléante ne pouvait y aller seule, ayant impérativement besoin de l'autre manager pour expliquer certaines parties de la présentation. Et pour compliquer encore plus les choses, le client payait spécifiquement pour avoir ces deux personnes.

Repousser la réunion était la seule option réaliste. Ma suppléante pouvait y parvenir en appelant le client, ce qui demandait toutefois une certaine délicatesse.

La solution retenue consistait à présenter plusieurs options au client, en lui donnant une impression de contrôle de la situation, tout en recommandant de reporter, ce qui n'était pas sans déclencher une certaine nervosité sur la manière d'aborder les choses. Un rapide jeu de rôle permit de la familiariser avec les différentes possibilités et de la mettre en confiance avant l'appel.

L'appel fut sans accroc, le client acceptant la situation tout en appréciant d'avoir une influence sur la décision. La discussion évoluant rapidement pour aborder l'état du projet et les différentes manières de respecter le délai d'origine en dépit du report. La transparence du procédé permit également d'améliorer la relation avec le client.

* * *

Votre rôle en tant que manager est :

1/ de clarifier le contexte (nous y reviendrons en détails),

2/ de soustraire ou résoudre tout obstacle empêchant vos employés de faire leur travail.

Vos employés ont peut être besoin de quelque conseils sur la manière de gérer une situation difficile, davantage d'informations sur les tâches à accomplir, de l'aide pour savoir par où commencer, l'autorisation de passer moins de temps sur un projet, davantage de budget, la coopération avec d'autres services... les options possibles sont nombreuses. Vous n'avez pas besoin d'être la personne la plus intelligente de l'équipe. Votre rôle est d'être au service de votre équipe, de les aider à réaliser leur travail, et pas de « faire le chef. » Cette règle, l'une des plus importantes, est trop souvent ignorée ou incomprise par les managers débutants.

Et même en étant la personne la plus intelligente du groupe, l'intelligence des membres de votre équipe ne doit pas être mise de côté. Il faut leur donner des défis, les stimuler, les engager dans leur travail, leur laisser trouver les moyens de remplir leurs tâches, tout en leur offrant la possibilité de demander de l'aide quand ils en ont besoin. Plusieurs études ont démontré que ce type de libertés au travail pousse les gens à s'impliquer davantage tout en améliorant leur satisfaction. Un point de vue que vous partagez d'ailleurs probablement.

En d'autres mots, le management est un travail de service, et le service rendu est de retirer les obstacles pour votre équipe.

Voir les choses de cette manière crée une dynamique nouvelle, que tous les membres de l'équipe peuvent respecter, qu'ils soient débutants ou plus expérimentés : une dynamique qui aide tout le monde à travailler mieux.

Passer à l'action

Adressez-vous toujours à votre équipe en employant un langage renforçant l'idée que vous êtes là pour les aider. Déclarez la chose littéralement: « Mon travail est de m'assurer que vous disposez du nécessaire pour faire le vôtre. Si vous rencontrez la moindre difficulté, venez m'en parler et on trouvera une solution. » Si quelque chose se déroule mal, posez des questions comme : « Comment peut-on s'approcher d'une situation qui serait [*décrire la situation idéale*] ? » Écoutez leurs suggestions. Si un problème ne peut être résolu seul, il doit devenir prioritaire sur votre liste des tâches à remplir.

Gagnez la confiance de votre équipe en ne perdant jamais rien de vue. Déclarer que vous allez résoudre un problème vous oblige à réellement le résoudre. Ne vous épuisez pas pour autant : ne pas pouvoir soustraire un obstacle instantanément n'est pas un drame, à condition d'avoir fait de votre mieux. Expliquez ce que vous avez essayé de faire et restez ouvert à d'autres idées. Il est très important que votre équipe sache que vous avez épuisé vos options.

Soyez pro-actif : n'attendez pas que les problèmes se déclarent. Même quand tout semble aller bien, assurez-vous que tout va vraiment bien pour les membres de l'équipe. Posez des questions comme : « Comment vas-tu? Est-ce que ça représente une difficulté? Est-ce que tu as des idées pour la prochaine fois? »

Hurler ne sert à rien. Comment soustraire les obstacles si votre équipe a peur de vous parler? Si quelqu'un fait une erreur, il est important de lui dire quelque chose comme : « Merci de m'en avoir informé. On va trouver un moyen de résoudre le problème. Par ailleurs, que pourrait-on faire autrement la prochaine fois pour éviter ça ? » Ce type de dialogue fait de vous une personne portée sur les solutions, ce qui les amènera à venir directement vers vous la prochaine fois qu'une erreur est faite.

Leçon n°2 :
Il est normal de se demander
« Qu'est-ce que j'ai fait aujourd'hui ? »

Peu de temps après être devenue manager dans une entreprise de relations publiques, il m'a fallu admettre quelque chose d'embarrassant auprès du directeur.

« Je n'ai aucune idée de ce que j'ai fait aujourd'hui, j'ai participé à une série de réunions, j'ai envoyé des e-mails, et passé des coups de téléphone, mais je ne sais pas bien ce que j'ai pu accomplir ; ce qui ne fut pas sans déclencher le sourire du directeur » .

Pour la plupart d'entre nous, le début de notre vie professionnelle gravite autour d'une liste de tâches à accomplir. Quelle que soit l'industrie, il s'agit d'accomplir des choses concrètes, tangibles : conduire des recherches, commander des fournitures, écrire un article. Parcourir la liste des choses à faire nous permet de savoir ce qui a été fait, et ce qui reste à faire.

Le rôle de manager ne consiste pas à faire autant de choses : les autres sont en charge de faire les choses, et c'est votre rôle de gérer leurs activités et de savoir si votre journée a été mise à profit ou n'a pas servie à grand-chose.

Une des responsables d'un service de la ville de San Francisco m'a un jour déclaré qu'il lui arrive de passer des journées entières sans rien décocher de sa liste de tâches. Elle passe tout son temps à aider ses employés, ce qui lui demande de réaliser tout un tas d'actions qui n'ont rien de linéaire: passer du temps au téléphone, assister à une réunion, prendre le café avec un membre de son équipe... ce qui reflète bien la dominante « service » du travail de manager, tout en empêchant de voir votre liste de tâches se rétrécir.

La réponse de mon directeur fut du même ordre : le travail du manager ne consiste pas à faire, mais à faire faire. Il me suggéra de me poser trois questions chaque jour :

Est-ce que j'ai permis de faire avancer les choses ?
Souvenez-vous que les autres font directement les choses. Les avez-vous aidés à avancer dans le bon sens? Est-ce que tout est bien sur les rails?

Est-ce que j'ai fais ce qu'il fallait vraiment faire ?
Il est possible que vous n'ayez supprimé qu'un seul obstacle, qui était aussi l'obstacle le plus important. Ce qui en soit est une victoire.

Est-ce que j'ai correctement délégué le travail ?
Ne faites pas ce que les autres sont parfaitement capables de faire. Concentrez-vous sur les choses que vous seul pouvez faire. Nous y reviendrons dans les prochaines leçons.

* * *

Ces trois questions se sont retrouvées rapidement accrochées à mon mur, et j'ai également arrêté de ressentir de la culpabilité au sujet de ma liste de tâches à réaliser. Tout cela me faisait revenir à mes toutes premières leçons de management dans un petit magasin de vente au détail.

J'étais l'assistant du manager mais je ne travaillais pas directement avec les équipes en dehors des heures de pointe le week-end.

Le propriétaire laissait régulièrement une lettre pour le manager qui prenait le relais le jour suivant. La lettre comprenait les principaux envois à surveiller, les commandes spéciales à traiter en priorité, et les différentes modifications à faire. Un système simple mais effectif, mais qui prenait aussi beaucoup de temps de préparation, l'absence d'ordinateur obligeant la rédaction à la main de chaque lettre. Quel est le principal point à résoudre le lendemain ? De quelles informations a-t-il besoin ?

Sans m'en rendre compte immédiatement je connaissais déjà les trois questions suggérées par mon directeur, mais je ne comprenais pas qu'il n'y avait aucun problème à passer mon temps à prioriser les tâches, les déléguer et interagir avec mon équipe. Je pensais que tout cela s'ajoutait à la liste des choses à faire, mais il s'agissait en fait du cœur de mon rôle de manager.

Le management prend du temps, et si vous ne prenez pas le temps nécessaire, personne ne le fera pour vous.

Voici le cercle de Zorro, votre nouveau meilleur ami

Le film Le Masque de Zorro comporte une scène où Don Diego de la Vega (Anthony Hopkins) entraîne Alejandro Murrieta (Antonio Banderas) à devenir le prochain Zorro. Mais Murrieta est trop aveuglé par son désir de vengeance et affecté par l'alcool pour se concentrer sur le maniement de l'épée.

De La Vega dessine alors un cercle sur le sol, et déclare à Murietta que pendant qu'il s'entraîne, « rien ne doit exister en dehors de ce cercle. » Son monde se résume au cercle : il n'existe rien d'autre. Et une fois qu'il maîtrisera le maniement de l'épée dans ce cercle, il pourra passer lentement à d'autres choses. L'expert en organisation du travail Shawn Anchor considère ce concept comme tout aussi utile pour le travail. Votre liste de choses à faire aura toujours tendance à s'allonger plus vite qu'elle ne rétrécit, ce qui peut vite devenir décourageant.

Dessinez votre cercle de Zorro sur une feuille de papier. Choisissez la chose la plus importante à faire pour votre équipe ou pour votre projet et mettez-là dedans. Rien ne doit exister dans votre monde tant que ce n'est pas fini. Personne ne prêtera attention à ce que vous avez fait ou pas fait dans votre liste si le problème le plus important que rencontre votre équipe n'est pas encore résolu.

Passer à l'action

Écrivez les trois questions et affichez-les quelque part où vous les verrez tous les jours. Utilisez-les comme un guide pour vous aider à établir vos priorités au début de chaque journée, et faire le bilan à chaque fin de journée. Vous n'allez pas pouvoir répondre « oui » à toutes les questions tout de suite, mais ça viendra.

Faites des cercles de Zorro une religion. La première chose à faire dans la journée doit toujours avoir un rapport avec la suppression d'un obstacle pour votre équipe. Ne lâchez pas prise. Une fois l'obstacle soustrait, passez à un autre, et ainsi de suite. Peut-être que le plus grand problème rencontré par les membres de votre équipe, c'est l'absence de cercles de Zorro pour chacun.

Laissez-vous du temps pour réfléchir. Assurez-vous de disposer d'un peu de temps pour quitter le bureau. En tant que manager, il vous sera nécessaire de passer du temps à réfléchir à la meilleure manière d'aller de l'avant, de résoudre les obstacles rencontrés par votre équipe, et de déléguer aux autres. Ce temps de réflexion n'a rien d'une pause: vous êtes payé pour le faire.

Leçon n°3 :
Réveiller le désir d'accomplir

« Il va falloir que te concentrer sur ce nouveau client, il représente un potentiel de croissance important pour notre activité. » lança mon manager pendant que je prenais des notes, ne me rendant même pas compte qu'il s'adressait à moi...

Ma réaction immédiate? « Rien de tel qu'un coup de pression » ! Le fond de ma pensée ? *Et merde.*

Le client nous amenait un projet bien particulier : sécuriser une couverture médiatique dans 17 états, en très peu de temps et sur la base de travaux de recherche sur l'incarcération des enfants, travaux qui ne disaient rien de bien nouveau. L'équipe était débordée, et je la voyais déjà considérer le projet comme étant impossible.

La réunion de lancement pris place peu de temps après, et en voyant mon équipe se réunir autour de la table, l'enjeu m'apparut évident : *comment les motiver ?*

Suivant mon instinct, j'écrivis « ERMAD MEAT » sur le tableau pour ensuite leur demander qui arriverait à déchiffrer l'expression qui se cachait derrière cette inscription ?

Tout le monde se mit à fixer les caractères, jusqu'à ce que l'un d'eux finisse par hurler « Dream Team ! » Énergie, élan, esprit d'équipe — une bonne manière d'approcher les choses. Une fois les choses misent sur les bons rails, il ne me restait plus qu'à établir les objectifs du projet, les rôles et les raisons pour laquelle tout cela était possible grâce à cette « Dream Team ».

Pour autant, la problématique de base n'était pas résolue — et je voyais déjà l'horizon s'assombrir alors que les membres de l'équipe regagnaient leurs postes de travail. L'esprit d'équipe ne suffirait pas à atteindre les objectifs...

Ne sachant pas si je venais de remporter une victoire, un e-mail apparut dans ma boite de réception, avec une photo d'adolescents — presque des enfants — enfermés dans une cellule de prison en piteux état. Un des membres de l'équipe venait de tomber sur une partie du contenu fourni par le client. Ils avaient l'air si jeunes...

Les échanges d'e-mails se multiplièrent. *« Ils sont en prison avec des adultes. Que leur arrive-t-il quand ils en sortent ? »*

Remplir les objectifs demandait plus qu'un esprit d'équipe, il fallait une source de motivation supplémentaire, et ils venaient de la trouver par eux-mêmes. Des enfants allaient dans des prisons pour adultes, pour des crimes sans grande importance, et y perdaient toute chance d'avoir un avenir normal. Il fallait en informer le public.

*   *   *

Craftsman and Wolves est une pâtisserie de San Francisco dont la spécialité est le *Rebel Within*, est un muffin basé sur un œuf mi-cuit. Les murs de la boulangerie sont couverts de citations. En dévorant l'un de leur Rebel Within, je suis tombé un jour sur une citation bien particulière d'Antoine de Saint-Exupéry.

« Quand tu veux construire un bateau, ne commence pas par faire rassembler du bois, couper des planches et distribuer les tâches, mais par réveiller au sein des hommes le désir de l'immensité sans fin de la mer » .

Une citation aussi marquante que le muffin... La leçon à retenir est que la motivation peut avoir des origines inattendues.

Les meilleurs managers rallient leur équipe autour d'un objectif commun dont la raison d'être dépasse chaque membre de l'équipe (manager compris) et chaque tâche. Ils poussent leur équipe à vouloir vraiment atteindre les objectifs. Ils provoquent le désir. Ils ne travaillent pas sur un tableau Excel réunissant des données sur une question de santé — *ils aident la médecine à progresser*. Ils ne réécrivent pas un morceau de code — *ils font l'impossible pour que les gens du monde entier travaillent ensemble*. Ils ne font pas une vente — *ils rendent possibles les rêves des autres*.

Ce dernier cas de figure n'est pas là par hasard. En 2007, une expérimentation menée par Adam Grant de l'Université de Pennsylvanie (Wharton) démontra qu'il était possible de récolter deux fois plus d'argent pour ses élèves boursiers en faisant écouter les témoignages d'étudiants en ayant bénéficié.

Le projet de mon équipe n'en resta pas moins difficile. Les journalistes ne nous rappelaient pas ou ne nous répondaient pas. Le budget fut dépassé et une rallonge fut nécessaire.

Mais la source de motivation était plus forte que le reste, ce qui permit à l'équipe d'obtenir une couverture dans 13 états sur les 17 ciblés à l'origine, offrant une lueur d'espoir aux enfants emprisonnés.

Mettre l'accent autour des objectifs à accomplir au lieu des tâches à réaliser est une bien meilleure manière de mobiliser votre équipe.

Passer à l'action

Apprenez à connaître votre équipe. Quelles sont leurs sources de motivations ? La compétition, le bien commun, le progrès ? Tout ça en même temps ? Introduisez-les aux projets en vous appuyant sur leurs sources de motivation, et ne manquez aucune occasion de les leur répéter. N'hésitez pas à rompre avec les règles, en matérialisant par exemple les objectifs à atteindre avec des objets symboliques ou un fond d'écran particulier. Le tout est de parvenir à maintenir leur concentration sur les résultats à atteindre.

Approchez-vous le plus possible de ce qui les motive. Allez sur place, rencontrez de vrais clients ou de vrais utilisateurs. Les employés du centre d'appel travaillant pour l'université doivent rencontrer des élèves boursiers. Il est beaucoup plus facile de trouver la motivation dans la réalité que dans un planning.

Assurez-vous que chaque membre comprend l'importance de son rôle et de ses tâches. En leur disant par exemple, « Ton travail est de t'assurer que le contenu du site soit toujours correct et à jour. Notre objectif est de résoudre des problèmes de surendettement, et on ne peut pas aider nos clients en leur donnant des informations erronées » . Ce type de déclaration est parfois très délicat, en particulier quand il faut s'adresser à des employés brillants ou que le contexte est un projet inintéressant. Toute la difficulté est de trouver un équilibre entre enthousiasme et honnêteté, ce qui demande une certaine expérience.

Laissez la place nécessaire à une certaine créativité. Une fois le désir d'accomplir éveillé, votre équipe s'appropriera le projet et le micro-management de la moindre tâche ne sera plus nécessaire. Donnez-leur les paramètres nécessaires — budget, dates limites, spécifications, recommandations — et laissez-les atteindre les objectifs.

Leçon n°4 :
Occupez-vous des mauvais éléments
aussi vite que possible

« Personne ne respecte notre expertise, on a beau apporter de bonnes idées, elles ne sont jamais prises en compte et ils finissent toujours par faire ce qu'ils avaient en tête — on perd notre temps avec eux » .

Voilà comment plomber une réunion de planification. Toute l'équipe avait bien entendu, et une sorte de signal d'alarme venait de se mettre en route dans ma tête.

L'influence de ce genre de déclaration ne doit pas être sous-estimée. Une expérimentation de l'université de Rotterdam a démontré qu'un acteur jouant le rôle de « mauvais élément » au sein d'un groupe de travail — qu'il s'agisse du crétin, du paresseux ou du pessimiste chronique — finit toujours par influencer le reste du groupe.

En d'autres mots, un mauvais élément peut très rapidement rabaisser l'ensemble du groupe.

Un autre collègue déclara ensuite : « Je pense aussi que c'est une perte de temps, d'autant qu'ils ont déjà pris leur décision. » Les expressions autour de la table devenaient de plus en plus négatives au fur et à mesure de la discussion, il devenait urgent d'inverser la tendance.

« Celui qui avancera le plus vite gardera le contrôle du processus et du résultat.

— Avançons le plus vite possible pour qu'ils n'aient même pas le temps de s'opposer à nos recommandations » .

Une déclaration pertinente, mais faite sur un ton un peu cynique et brutal — j'étais bel et bien contaminée par l'attitude négative du groupe.

Ce type de situation est difficile à gérer pour un manager, surtout si vous êtes bien d'accord avec votre équipe, ce qui était mon cas, mais les meilleurs managers ne perdent pas de vue leurs principales responsabilités : faire avancer le travail, soustraire les obstacles, et faire en sorte que tout le monde se concentre sur les solutions. Il me fallut alors l'aide de mon propre manager pour y parvenir.

* * *

L'expérimentation citée précédemment employait trois types de mauvais éléments : le crétin, le paresseux, et le pessimiste chronique. Ils vous mettent dans une position difficile parce qu'ils vous prennent beaucoup de temps et d'énergie, ce que vos meilleurs éléments ne peuvent que remarquer. Et à quoi bon faire de son mieux si le manager n'a même pas le temps de le remarquer parce qu'il/elle est trop occupé par un mauvais élément ?

Vous avez besoin d'une équipe heureuse au travail, et ce genre de mauvaise impression va totalement à l'encontre d'un sentiment de bonheur au travail. Ignorer le mauvais élément n'est pas non plus une solution: le travail de tout le monde en souffre de toute façon. Il va falloir gérer le problème soigneusement, précisément et rapidement.

Il existe deux approches types, l'une basée sur la bonne volonté, l'autre sur la mise en valeur de comportements plus positifs. Il est bien possible qu'en toute bonne foi le mauvais élément rencontre une difficulté réelle, et qu'il ne sache pas vous la signaler correctement faute de savoir que votre rôle est, en grande partie, de soustraire les obstacles au travail de votre équipe. Essayez de savoir si un obstacle se trouve sur sa route, et trouvez une solution. Il est arrivé à certains de mes employés de souffrir par la faute de projets frustrants, de collègues désagréables ou de bonnes idées passées à la trappe... De fait, même les meilleurs passent par des périodes difficiles, et mettre au clair la source du problème peut suffire à résoudre une bonne partie du problème.

L'autre approche consiste à clairement identifier vos meilleurs éléments — les plus motivés, les plus performants — pour récompenser leur comportement en public, ce qui permet de souligner encore et encore ce qui est attendu d'eux.

Il peut arriver que le comportement du mauvais élément ne change pas, ce qui ne doit pas vous pousser à faire encore plus d'efforts — le problème pourrait ne jamais en finir. Analysez la situation à l'aide d'autres managers ou de votre propre superviseur. Quel est l'impact de tout cela sur l'équipe et son travail ? Ce n'est probablement pas la première fois que ce genre de chose arrive dans l'entreprise.

Si le problème est grave, il est peut-être temps d'envisager une période de probation, un avertissement, ou de laisser la personne partir. Les meilleures organisations ne s'épuisent pas avec des éléments contre productifs, même s'ils sont intelligents.

Passer à l'action

Identifiez clairement le problème et clarifiez les attentes. Entretenez-vous avec le mauvais élément et apprêtez-vous à aller directement au cœur du problème. Vous pouvez commencer par dire quelque chose comme : « Ton attitude ces derniers jours pose problème. On ne s'attend pas à ce que tout le monde soit content de ce qui se passe sur le projet, mais l'équipe se doit d'agir avec une attitude professionnelle et des idées constructives. Quel est donc le problème et comment est-ce que je peux t'aider à le résoudre? » Ce genre de phrase devrait être prononcé sur un ton à la fois autoritaire et confiant.

Récompensez vos meilleurs éléments publiquement. A faire quelle que soit la situation, qu'il y ait un mauvais élément ou pas, mais à surtout faire quand vous devez y faire face. Félicitez vos employés en plein meeting, donnez-leur la responsabilité des travaux les plus intéressants, et affichez votre gratitude. Si votre mauvais élément commence à changer de comportement et de discours, n'oubliez surtout pas de faire de même avec lui, pour vous assurer de ne pas revenir en arrière.

Laissez au mauvais élément le bénéfice du doute : il se pourrait que vous en tiriez quelque chose. Écoutez-les et passez le plus vite possible en mode solution : « Comment puis-je t'aider? » ou donnez-leur la responsabilité de la recherche d'une solution, avec votre aide : « J'ai remarqué les difficultés rencontrées par l'équipe, est-ce que tu vois une solution possible? » Offrir la chance d'influencer la solution permet souvent d'inverser les mauvais comportements. Votre fierté en prendra peut-être un coup, et il vous faudra probablement du temps pour y réfléchir avant d'en arriver là.

Et si vous épuisez toutes vos solutions. Discutez de la situation avec votre propre manager et demandez-lui de l'aide. Les autres managers ont probablement déjà rencontré ce genre de problème et devraient pouvoir vous dire ce qui a marché pour eux. Discutez des conséquences possibles si les choses n'évoluent pas dans le bon sens.

Leçon n°5 :
Votre équipe est là pour une raison

J'ai un souvenir très clair de mon premier PowerPoint. Mes parents s'étaient dévoués pour participer à une série de présentations dans les quartiers pauvres sur les manières d'améliorer la scolarité des enfants.

Entre la synthèse des informations et les détails comme l'utilisation d'un arrière-plan rappelant un tableau noir, la création de la présentation m'avait pris beaucoup de temps. Les parents à qui la présentation était destinée ne parlait pas très bien anglais, le texte était donc à la fois en anglais et en espagnol. Tout cela était bien avant Google Translate et les points clefs de la politique d'éducation californienne n'étaient même pas traduits.

Une des volontaires se dévoua pour prendre en charge une partie du discours. J'avais un bon a priori mais je ne savais pas ce que ça pourrait donner.

Elle prit rapidement les rênes de la présentation, en espagnol. Je ne pouvais pas tout comprendre, mais il était évident qu'elle ne suivait pas la présentation, ajustant le discours à la volée pour l'adapter à son public, adoptant un ton plus informel et s'appuyant sur des points clefs que seule une connaissance intime du quartier permettait de connaître.

Wow, pourquoi est-ce que je n'y avais pas pensé ?

La leçon était simple : il y a une bonne raison pour laquelle vous avez une équipe, l'objectif étant que chaque membre puisse faire de son mieux avec ses forces. Je savais organiser l'événement et définir les présentations, mais elle connaissait les parents, ce qui était de toute façon la première raison pour laquelle on l'avait impliquée dans tout cela.

Même en étant au centre de l'organisation de l'événement, j'aurais pu mieux déléguer la création du contenu: ils auraient pu me donner des idées, les meilleurs auraient pu esquisser les présentations, et le résultat n'en aurait été que meilleur.

* * *

Cette expérience m'a poussée à faire confiance à mon équipe, à leur donner des tâches sans surplus d'indications pour ne pas tomber dans le micro-management et interférer avec leurs bonnes idées.

Le résultat immédiat ? Le travail ne correspondait pas toujours aux attentes, et je me retrouvais à en refaire une bonne partie. Trouver un équilibre pris un certain temps. La solution m'apparut dans le retour d'un de mes managers sur quelque chose que je venais d'écrire. Elle me demanda : « Que puis-je faire pour te permettre d'atteindre l'objectif du premier coup la prochaine fois ? »

La solution en question ? Les informations sur le contexte. Les meilleurs managers ne font pas (et ne refont pas) tout le travail. Ils ne délèguent pas non plus le travail en donnant juste quelques instructions vagues. Au lieu de faire ces erreurs, ils informent en détail leurs équipes du contexte, avec les raisons pour lesquelles certaines choses doivent être prises en compte, ou pas, et tout ce qui n'a absolument pas lieu d'être.

La deuxième leçon posait sur la meilleure manière de déléguer le travail. Trois règles permettent de s'en assurer : déléguez le travail que d'autres personnes peuvent faire à votre place, déléguez la tâche principale à la personne la plus adaptée pour ce travail, aidez votre équipe à atteindre les objectifs en leur clarifiant le contexte le plus possible.

Rappelez-vous que, en tant que manager, votre rôle est de faire en sorte que le travail soit accompli — pas de le faire vous-même.

Passer à l'action

Au commencement de chaque projet, réfléchissez aux différentes tâches à réaliser et aux personnes les plus adaptées pour chacune d'entre elles. Prenez en compte les compétences ou l'expérience que vous aimeriez que chaque personne gagne, et décidez ensuite qui fait quoi. Répartir correctement les tâches représente toujours un challenge, même pour les managers les plus aguerris, pour la simple raison qu'y parvenir demande un travail d'anticipation. N'ayez pas peur d'approfondir votre réflexion avec l'aide de votre superviseur ou d'autres managers.

Si quelqu'un d'autre que vous est capable d'accomplir cette tâche, déléguez-lui. Présentez-lui le contexte d'une manière claire et laissez faire. Inquiet à l'idée qu'elle n'y arrive pas ? Quelques questions peuvent vous assurer d'avoir été bien compris, comme : « Sur la base de ce que je viens de te présenter, comment approcherais-tu les choses ? » Gardez bien en tête que vous n'aurez pas l'air bien malin en gardant tout le travail pour vous-même : ça ne fait pas partie du rôle d'un manager. Inversement, vous aurez l'air de quelqu'un de paresseux si vous vous gardez toutes les tâches simples.

Quand une tâche ne correspond à personne, donnez-la au meilleur membre de l'équipe. Et travaillez directement avec elle pour lui montrer comment faire, de telle sorte qu'elle soit autonome la prochaine fois. Développez les compétences de votre équipe !

Ne pas micro-manager, mais être disponible pour aider. Le micro-management consiste à dicter précisément chaque aspect de ce qui est attendu des autres, ce qui en fait une forme d'échec de management. Et si votre équipe trouvait un moyen plus rapide, plus efficace de faire quelque chose ? Micro-manager votre équipe étouffera toute possibilité de voir ce genre de chose arriver. Donnez-leur le contexte — l'objectif et les paramètres non-négociables — et laissez les faire, tout en restant disponible pour les aider si le besoin s'en fait ressentir.

Augmentez la taille de l'équipe quand cela devient nécessaire. Votre rôle est de soustraire les obstacles, et l'obstacle est parfois une tâche trop complexe, trop lourde ou trop limitée pour votre équipe. Il faudra envisager d'agrandir l'équipe, ou de faire appel à une aide extérieure — spécialistes, intérimaires, aides administratifs — qui aidera votre équipe à mieux faire son travail.

Ne vous retenez pas de faire un retour sur ce qui a été fait. L'immense majorité des employés veulent avoir un retour — savoir si ils ont bien fait leur travail — un retour qui est encore bien trop rare. Si quelqu'un a besoin de s'améliorer sur un point, prenez le temps de lui en parler, mais PAS devant le reste de l'équipe. Dire quelque chose comme, « L'objectif était de [*description de l'objectif*], voilà en quoi tu as fait un bon travail, et voilà ce que tu aurais pu mieux faire. » et « Sur cette base, comment approchera-tu les choses la prochaine fois ? Est-ce que je peux faire quelque chose à l'avenir pour t'aider ? »

Leçon n°6 :
Vous respecteriez-vous ?

Peu de temps après avoir été promue au poste de vice-présidente d'une entreprise de relations presse, on me demanda de faire un discours pour conclure une retraite entre collègues. Une tâche difficile vue l'année compliquée qui venait de s'écouler : les équipes étaient réellement usées.

Mon discours se voulait motivant, rappelant à tout le monde les raisons qui nous réunissaient et en quoi l'équipe était brillante. Encore aurait-il fallu que j'arrive à le prononcer.

Après avoir respiré un bon coup et parcouru d'un coup d'oeil l'assemblée autour de la table, je me mis à pleurer.

Tout cela n'était pas contrôlé ou calibré pour véhiculer une émotion artificielle. Il s'agissait bien de grosses larmes, pas très différentes de celles d'un enfant en bas âge venant de se faire très mal. Il faut croire que j'étais tout aussi usée.

Je parvins à parler au travers des larmes, pour m'éclipser le plus vite possible une fois que tout cela était fini. Je venais peut être de faire une très grosse erreur, ce qui me poussa à envoyer un message à mon manager et à mon premier suppléant pour savoir ce qu'il en était exactement.

Je venais de faire une crise de vulnérabilité, phénomène décrit par le chercheur Brené Brown. Chaque souvenir de la scène était une agonie. *Qui pourrait bien me respecter après ça ?*

Beaucoup de choses ont été écrites sur les différentes manières d'envisager le respect selon les générations. Les baby-boomers ont surtout tendance à respecter quelqu'un pour sa position d'autorité. La génération X et les *Millennials* — le groupe connaissant la plus forte croissance sur le lieu de travail — ont beaucoup moins tendance à respecter quelqu'un « parce que », mais plutôt à respecter un chef prenant soin d'eux, approchable, conscient et avec les pieds sur terre.

Si vous avez toujours rêvé de répliquer « Pourquoi? Parce que je suis le chef ! », oubliez ce rêve immédiatement. Respecteriez-vous quelqu'un qui vous dirait ça ? Le respect se gagne en étant une personne digne de respect, quel que soit votre titre.

Pour ce qui est de gagner du respect en tant que manager, il vaut mieux être aimé que craint, ce qui commence par l'authenticité.

Les managers s'imaginent trop souvent devoir être surhumains, bien meilleurs que leur équipe : une idée très éloignée de la réalité et de ce dont ils ont vraiment besoin. Le manager se doit de se comporter selon des standards de comportement plus élevés que la moyenne, pour donner l'exemple, tout en étant authentique et accessible auprès de son équipe.

La réponse à mon message ne se fit pas tarder : « Inutile de t'inquiéter... ». Peut-être essayaient-ils juste de me rassurer, mais cet épisode embarrassant se transforma rapidement en atout majeur, augmentant ma crédibilité en tant que vice-présidente. Les autres managers semblaient y trouver de l'inspiration. Un collègue me dit qu'on chantait mes mérites. Et pour couronner le tout, j'eus droit à une ovation durant la réunion suivante, pas parce que je n'avais pleuré, mais parce j'étais authentique. Je n'avais pas essayé de feindre le bonheur et de prétendre que tout allait bien. J'étais l'exemple même du fait que les leaders font aussi face à des difficultés, qu'ils y prêtent attention, qu'ils persévèrent, et veulent faire de leur mieux pour améliorer les choses.

Une de mes blogueuses préférés, Penelope Trunk, a déclaré : « L'authenticité a un pouvoir magnétique, elle pousse chacun à s'approcher et à prêter davantage attention. »

Il faut un certain courage pour être soit-même, et y parvenir vous permettra de remporter davantage de respect que n'importe quel titre.

Passer à l'action

Demandez de l'aide à votre équipe. Personne ne s'attend à ce que vous sachiez tout tout le temps. Même le président se fait conseiller. Si vous avez un doute sur ce qu'il faut faire, dites-le. Votre équipe appréciera votre honnêteté et partagera ses idées. Votre rôle est de prendre les meilleures décisions avec les informations dont vous disposez.

Réfléchissez aux problématiques ensemble et soyez transparent sur la prise de décision. Quand un problème apparaît, discutez des options envisageables avec votre équipe pour qu'ils comprennent bien pourquoi et comment les choses sont gérées. Au moment de choisir la meilleure option, expliquez votre logique. Par exemple : « L'option A et l'option B sont toutes deux de bonnes idées, mais le critère de choix est la capacité d'une option à nous permettre de respecter les délais impartis. » Aucune obligation pour eux d'être parfaitement d'accord avec le raisonnement prenant lieu dans le processus de prise de décision, mais procéder de la sorte permet de vous assurer qu'ils comprennent votre mode de pensée.

Auto-censurez vous, mais pas trop. Être authentique est important, mais il ne faut pas oublier qu'il est de votre responsabilité de vous assurer que l'équipe reste motivée. Vous ne pouvez pas vous comporter en perdant ou vous montrer trop souvent négatif, au risque de finir par avoir une mauvaise influence sur votre propre équipe. Canalisez vos excès de stress en discutant avec les autres managers ou votre superviseur. S'il vous arrive de dévier de cette règle — ce qui arrivera inévitablement — la réaction de votre équipe vous le fera regretter immédiatement. Rappelez-vous que personne n'est parfait : respirez un bon coup et avancez.

Prenez la responsabilité de vos erreurs. Vous pouvez dire des choses comme : « Voilà pourquoi je pensais que c'était la meilleure décision. » ou « Je m'excuse si cette erreur signifie que [*décrire les implications*]. » Inutile de chercher à être pardonné, mais il vous faut admettre ce qui s'est passé. Soyez courageux.

Adoptez une attitude délibérée, consistante et cohérente sur le type de culture de travail que vous cherchez à créer. Voulez-vous que votre équipe prenne des risques calculés ? Inutile alors de les punir si les choses ne se passent pas comme prévu. Voulez-vous qu'ils vous demandent de l'aide ? Aidez-les. Le moindre écart sur vos promesses suffit à faire perdre la confiance.

Leçon n°7 :
Commencez par mettre votre masque à oxygène

Il était 4h du matin, mes yeux s'ouvrirent subitement, un mélange de fièvre et de maux de ventre me dit que quelque chose n'allait pas.

Rien à voir avec une maladie ordinaire, je venais d'enchaîner une série de cauchemars se déroulant au travail, où tout allait mal par ma faute, alors que je suis manager et que je suis censée garder le contrôle de tout ce qui s'y passe.

Il faut que je vérifie mon e-mail, est-ce que le projet se termine demain ? Non, il me reste une semaine...

Ce n'était pas mon premier cauchemar de ce type — de fait, le management et les projets ambitieux s'accompagnent d'une certaine dose d'adrénaline, mais cette adrénaline finit par se transformer en stress et par vous rattraper.

Un ami me raconta une anecdote sur son premier travail, dans une banque. Son manager était tellement stressé par son travail, qu'une crise cardiaque ne suffit pas à l'arrêter complètement. Il continua à taper des messages sur son téléphone alors qu'on l'emmenait aux urgences. L'expérience poussa mon ami à changer rapidement de secteur.

Ce genre de situation nous parait inexcusable, mais notre culture a pourtant une forte tendance à glorifier ce genre de comportement — on y voit une forme de persistance, quelque chose d'impressionnant, de surhumain, *d'admirable*.

Un manager un peu plus expérimenté avec qui j'ai eu la chance de travailler voyait les choses d'une manière un peu différente : l'une des règles de base pour elle, était similaire à l'utilisation d'un masque à oxygène dans un avion : toujours s'assurer que votre masque est bien accroché avant de commencer à aider les autres. S'occuper de soi en premier pour être sûr de faire le meilleur travail possible pour les autres, règle devant s'appliquer à tous les niveaux de l'équipe.

* * *

En tant que débutant, je m'imaginais pouvoir me passer de ce conseil, jusqu'à une sérieuse période de burn-out. J'étais alors dans la cuisine de mes parents, quand ma mère m'interrompit au milieu d'une phrase : « Est-ce que tu vas bien ? Je ne t'ai jamais vu dans cet état, on dirait un zombie. » sur un ton parfaitement maternel.

J'étais bel et bien comme un zombie : mon esprit était ailleurs, je ne pouvais prononcer la moindre phrase cohérente et mon teint était pâle. Je n'avais pas pris le moindre congé, et la date limite de mon projet s'approchait à grands pas.

Ce genre d'expérience vous rend misérable, tout le monde le remarque, au-dessus et en dessous de vous — les meilleurs managers évitent ce genre d'écueil : il est tout à fait possible d'atteindre ses objectifs sans passer par ce genre d'épreuve, qui va d'ailleurs à l'encontre de votre progression de carrière : on ne promeut pas un concentré de stress qui a besoin de travailler deux fois plus dur que les autres pour aboutir aux mêmes résultats.

Inutile de faire un principe de l'évitement de toute forme d'effort supplémentaire — mais cela ne devrait pas être votre modus operandi ou celui de votre équipe.

Mon état type zombie ne s'améliorait pas — j'oubliais des choses, je ne savais plus vraiment ce que je faisais — et je finis par faire l'impensable : prendre quelque jours de congés maladie peu de temps avant la deadline. Je prévins alors mon équipe que je ne serai pas disponible et j'éteignis mon téléphone et mon ordinateur.

Tout cela n'a rien de vraiment dramatique — parce que ça n'a vraiment rien d'un drame. Ma fixation sur la deadline m'avait fait perdre toute perspective, la pression avait fini par l'emporter, les erreurs devenaient disproportionnées, je n'arrivais plus à voir le positif, les opportunités, et toutes ces choses qui allaient bien.

A mon retour au travail la grande surprise était que la fin du monde n'avait pas eu lieu. Disparaître du radar pendant 24 heures n'avait pas suffi à faire disparaître le travail à fournir. Mon équipe s'était occupée elle-même de quelques obstacles mineurs. J'étais revenu à un mode non-zombie et je commençais bien ma journée.

Au final, le délai a été respecté, les objectifs atteints, et tout cela aurait été bien plus facile si je m'étais occupé en premier de mon masque à oxygène. Le simple fait que mon équipe ait réussi à faire correctement les choses sans que je sois dans mes meilleures conditions était la preuve même qu'il s'agissait d'une équipe faisant un travail de qualité.

La plupart des gens passent par des périodes de stress particulièrement malsaines, ce qui les poussent à faire des erreurs, à passer à côté d'opportunités et à oublier les raisons pour lesquelles ils font leur travail. Votre équipe fera probablement mieux son travail si vous leur donnez un modèle sain, qui les aidera à améliorer leur vie/existence, pas à la rendre pire.

Un excellent manager se doit de d'abord prendre soin de lui-même avant de prendre soin de son équipe. Aborder les choses de cette manière engendre de nombreux bénéfices.

Passer à l'action

Surveiller votre état. Il vaut mieux savoir quand vous approchez de votre point de rupture. Les cauchemars de travail et autres périodes où vous vous retrouvez à comater sur votre tasse de café pendant 30 minutes sont des signes d'alarme. Prenez un ou deux jours de congés maladie. Dites à votre équipe que vous faites face à une urgence mais que vous serez disponible le lendemain. Ne consultez pas votre e-mail. Allez courir, manger un gâteau, faire du yoga, boire une bière, vous promener... mais faites quelque chose. Le travail sera encore là demain, il faut prendre de soin de vous aujourd'hui.

Surveillez l'état des autres. Si un membre de votre équipe est dans une mauvaise passe, demandez lui ce qu'il a à faire précisément aujourd'hui, et faites en sorte de tout repousser, ou d'en prendre la responsabilité, et obligez le à prendre sa journée. Il reviendra en meilleur état et sera probablement en mesure de s'occuper de quelque chose pour quelqu'un d'autre, de telle sorte que tout le monde s'occupe de tout le monde.

Examinez régulièrement la situation. Suivre précisément l'état de la situation en cours vous apportera une certain tranquillité d'esprit. Durant les périodes les plus intenses, imposez une réunion de 10 minutes le matin, où tout le monde se tient debout autour d'une table et s'accorde sur les priorités de la journée. Vous pouvez aussi utiliser un programme de suivi des tâches réalisées (type iDoneThis) générant un flux de mises à jour tout au long de la journée sur les tâches réalisées. Assurez vous que les mises à jour sont visibles de tous afin de stimuler la dynamique de groupe.

Soyez à l'écoute de votre stress. Le stress sert aussi à savoir quand quelque chose demande votre attention, si c'est le cas, prenez cinq minutes pour vous demander pourquoi, et mettez la raison dans un cercle de Zorro.

J'espère que vous avez aimé ce guide et que vous avez déjà commencé à mettre en œuvre certaines de ces idées dans votre travail. Si c'est le cas, vous avez probablement déjà commencé à ressentir le sentiment d'être un super manager, avec ce mélange de satisfaction, de motivation et de fierté.

On ressent clairement ce sentiment quand notre équipe se met à accomplir des choses incroyables parce que vous avez soustrait des obstacles sur leur passage. Ou quand ils vous surprennent avec des choses dont vous ne les pensiez pas capables, ou encore quand ils s'arrêtent à votre bureau pour vous dire merci.

Savourez ce sentiment, c'est l'une des meilleures choses dans le travail d'un manager.

Au lieu de me remercier, je vous demanderai plutôt de partager l'inspiration que ce livre a pu vous faire ressentir, en le partageant avec d'autres managers. Vous pouvez partager ces leçons en offrant ce livre à vos collègues et amis venant récemment d'être promu, ou en laissant un avis.

Vous pouvez aussi me laisser directement votre avis par mail via murray.tamara.a@gmail.com ou alors en me suivant ou me laissant un message via @tamaramurray sur Twitter.

Mon dernier mot sera de dire que la chose la plus importante que vous devriez faire pour partager l'inspiration est surtout d'être un super manager quel que soit le poste que vous occupez. Le monde a besoin de davantage de super managers : il y a encore tellement de choses à accomplir !

Liens également disponibles sur HelloImTamara.com/Resources (en anglais)

Sur la motivation et la délégation :
- Crucial Tips On Delegating The Right Way, So Everyone Wins (Fast Company)
- Getting Colleagues to Carry Their Weight (LinkedIn)
- The Power of the Done List (iDoneThis)
- How to Run Wildly Unproductive Meetings and Waste Everyone's Time (Brazen Careerist)

Sur l'équilibre entre travail et vie personnelle :
- You Aren't Indestructible or Indispensable — And That's Good (LinkedIn)
- Please Stop Complaining About How Busy You Are (Harvard Business Review)
- Defry Your Burnt Brain: 4 Quick Ways to Unplug in the Afternoon (Fast Company)
- How to Defeat Burnout and Stay Motivated (Zenhabits)

Sur le leadership :
- Qualities Of A Leader: How To Go from "Good Manager" To "Great Leader" (Barking Up The Wrong Tree)
- Most Productive People: Wendy Clark (Fast Company)
- The new authenticity: More nuanced than simple transparency (Penelope Trunk)
- How to Escape from Bad Decisions (LinkedIn)

- Brené Brown: The power of vulnerability (TED)
- Leadership Challenge: How Lovable Are You? (Inc)
- Myths About Millennials (About.com)

Blogs et publications à suivre :

- 99U
- Barking Up The Wrong Tree
- Fast Company, en particulier les chapitres Leadership Now et 30-Second MBA
- Harvard Business Review
- Inc. Magazine
- Penelope Trunk

Au sujet de l'Auteur

Tamara Murray a découvert son talent pour le management et le leadership à force d'entendre les autres le lui faire remarquer, alors même qu'il lui manquait une formation théorique sur le sujet. Elle commence à 16 ans par gérer un petit magasin, pour se retrouver ensuite à 20 ans responsable d'une équipe de volontaires dans une association, et ensuite à 26 d'une équipe de relations publiques. Chaque rôle fut l'occasion de progresser dans la gestion et le développement d'équipes dont les membres étaient parfois plus expérimentés et plus âgés.

Tamara a trouvé ses marques à force d'essais, se transformant en erreurs ou en réussites, et en puisant son inspiration dans la littérature de management. De fil en aiguille, les membres de son équipe en sont venus à la décrire comme un « manager particulier, » qui « tire le meilleur des autres » et « atteint ses objectifs. » Tamara pense qu'un MBA (et les dépenses qui vont avec) n'a rien d'obligatoire pour en arriver là.

Originaire de San Francisco, Tamara voyage beaucoup en Amérique du Sud, avec son mari, deux sac-à-dos et son chien Holly. Vous pouvez suivre Tamara et ses projets via Twitter sur @tamaramurray et HelloImTamara.com.

Remerciements

Merci à Jean-Claude Kuo, Sébastien Legrain et Steve Reverand pour leur aide au cours de l'adaptation française de ce livre.

www.ingramcontent.com/pod-product-compliance
Lightning Source LLC
Chambersburg PA
CBHW021416170526
45164CB00002B/678